ANTIQUITÉS
Égyptiennes, Grecques
ROMAINES

ET GALLO-ROMAINES

Mme Vve Raymond SERRURE
19, RUE DES PETITS-CHAMPS, 19
PARIS

ANTIQUITÉS
Egyptiennes, Grecques, Romaines
ET GALLO-ROMAINES

TERRES CUITES, VERRES, BRONZES, MARBRES

Calcaires Bijoux et Pierres gravées

VENTE AUX ENCHÈRES PUBLIQUES

A PARIS, HOTEL DES COMMISSAIRES-PRISEURS, RUE DROUOT, 9

SALLE N° 8, AU PREMIER ÉTAGE

Le Samedi 10 Décembre 1904

A DEUX HEURES PRÉCISES

EXPOSITION PUBLIQUE UNE HEURE AVANT LA VENTE

COMMISSAIRE-PRISEUR :	EXPERT :
Me MAURICE DELESTRE	Mme RAYMOND SERRURE
5, rue Saint-Georges	19, rue des Petits-Champs

PARIS

CONDITIONS DE LA VENTE

La vente aura lieu au comptant.

Les acquéreurs paieront *dix pour cent* en sus des enchères.

L'exposition mettant les acheteurs à même de juger de l'état des objets catalogués, aucune réclamation ne sera admise aussitôt l'adjudication prononcée, sauf le cas d'erreur matérielle.

Mme Vve.Raymond SERRURE se charge, aux conditions habituelles, (5 o/o sur la limite), des commissions qu'on voudra bien lui confier.

Paris. — Imp. C. CHAUFOUR; 8-10, rue Milton

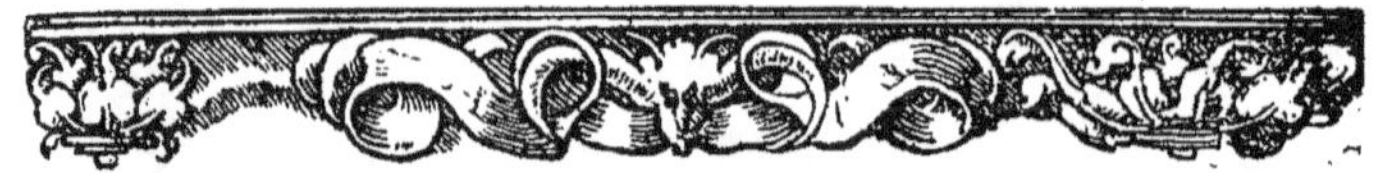

VERRES

1 Vase piriforme, goulot évasé. Irisation argentée. Haut. 220^m_m.

2 OEnochoé à panse cylindrique et à large embouchure ; anse plate et cannelée ; pâte jaune. Irisation opaline. Haut. 200^m_m.

3 Bouteille pomiforme ; irisation multicolore. Haut. 120^m_m.

4 Deux patères pâte verte à ombilic et cercles gravés. Irisation. Diam. 140^m_m.

5 Verre à boire, pâte verdâtre ; filets en relief en bordure. Haut. 80^m_m.

6 Flacon à essences fusiforme. Très belle irisation. Long. 235^m_m.

7 Petit vase à pied à deux anses latérales, goulot allongé entouré de filets ; pâte verte. Haut. 100^m_m.

8 Trois lacrymatoires, forme chandelier ; belle irisation. Haut. 155^m_m.

9 Vase pomiforme, la panse ornée de moulures en spirale ; goulot évasé. Irisation argentée. Haut. 90^m_m.

10 Vase panse cylindrique cannelée ; large goulot à rebord. Irisation. Haut. 110^m_m.

11 OEnochoé panse cannelée, bouche trilobée ; irisation. Haut. 110^m_m.

12 Bouteille à pied, panse ovoïde, haut goulot évasé. Jolie forme ; irisation. Haut. 220^m_m.

13 Verre à boire, forme calice, bien irisé. Haut. 95^m_m.

14 Petite œnochoé, bouche trilobée ; filet en relief au col. Haut. 80^m_m.

15 Deux petites coupes à rebord, irisées. Diam. 90^m_m.

16 Deux flacons cylindriques,goulot à bord plat ; belle irisation. Haut. 85 et 100 ‰.

17 Balsamaire à très large base, deux anses latérales et grande anse supérieure, pâte verte ; irisation. Haut. 185 ‰.

18 Deux petits vases panse pomiforme, goulot très évasé ; belle irisation argentée. Haut. 50 et 65 ‰.

19 Petit vase pomiforme, panse à dépressions régulières ; très jolie irisation argentée. Haut. 55 ‰.

20 Grand plat à pied ; très belle irisation verte. Diam. 255 ‰.

21 Plat à pied, très belle irisation multicolore. Diam. 200 ‰.

22 Petite coupe plate, belle irisation. Diam. 140 ‰.

23 Vase pomiforme, deux petites anses latérales reliées par une grande anse supérieure (fêlure insignifiante). Irisation. Haut. 165 ‰.

24 OEnochoé à panse allongée et cannelée, haut goulot, anse pâte verte ; belle irisation. Haut. 165 ‰.

25 Flacon piriforme, cercles et festons en relief ; très jolie pièce (légère fêlure) ; irisation argentée. Haut. 150 ‰.

26 Petits flacons jumeaux, anses pâte vert clair, enroulés de filets pâte blanc argent. Haut. 90 ‰.

27 Petit vase pomiforme, large goulot à rebord,panse à dépressions ; irisation argentée. Haut. 45 ‰.

28 Petit vase piriforme, goulot court et à rebord ; irisation argentée. Haut. 80 ‰.

29 Coupe profonde à pied ; très belle irisation arc-en-ciel.Haut. 55 ‰. Diam. 85 ‰.

30 Balsamaire à pied, deux anses, filet en spirale ; irisation. Haut. 110 ‰.

31 Flacons jumeaux, deux anses latérales et anse supérieure ; pâte verte, irisation. Haut. 160 ‰.

32 Petite oenochoé, bouche ronde, panse à dépressions, filet au col ; irisation granitée. Haut. 80 ‰.

33 Amphorisque, panse à dépressions, filet au col et à l'embouchure, anses pâte verte. Haut. 160 ‰.

34 Flacon fuselé, goulot large et anse ronde, filet au col ; bleel irisation. Haut. 115 ‰.

35 Flacons jumeaux, deux anses ; pâte verte, irisation. Haut.
120 %.

36 Flacons jumeaux, deux anses à festons ; pâte verte, irisation. Haut. 120 %.

37 OEnochoé, fond plat, bouche ronde, panse à dépressions ;
pâte jaunâtre. Haut. 120 %.

38 Flacon cylindrique, bouche évasée, dépressions en haut de
la panse ; belle irisation. Haut. 105 %.

39 Coupe profonde à pied ; belle irisation verte. Diam. 105 %.

40 Lacrymatoire forme fuseau ; irisation. Haut. 175 %.

41 Vase pomiforme à goulot allongé ; irisation argentée. Haut.
125 %.

42 Balsamaire à large pied, le goulot enroulé de filets en zigzags (fragmentés). Belle irisation. Haut. 115 %.

43 Balsamaire à base très large, filet au col, deux petites anses ;
irisation. Haut. 115 %.

44 Vase à panse cylindrique, long goulot orné d'anses doublées,
filet au col, pâte vert clair. Haut. 215 %.

45 Flacon panse pomiforme, goulot allongé en entonnoir ; belle
irisation. Haut. 170 %.

46 Vase pomiforme ; large goulot à rebord, anses à festons ;
belle irisation. Haut. 135 %.

47 Grand gobelet à base large et plate, muni d'une oreillette
pâte verte ; forme curieuse. Haut. et diam 115 %.

48 Petite gourde à long col, bien irisée. Haut. 135 %.

49 Lot de neuf petits flacons à essences, formes diverses, très
bien irisés. Haut. 50 à 90 %. (A diviser).

50 Flacon cylindrique, goulot court évasé ; belle irisation.
Haut. 140 %.

51 Deux petits vases à large embouchure, l'un à panse à dépressions ; irisation. Haut. 55 et 70 %.

52 Deux petits vases à large embouchure, panse à dépressions,
bien irisés. Haut. 50 et 60 %.

53 Grande bouteille panse pomiforme légèrement aplatie, goulot en entonnoir et à rebord, irisation partielle. Haut.
240 %.

54 Œnochoé à fond plat, bouche ronde, anse latérale, filet au
   col ; irisation. Haut. 120 m/m.

55 Flacon piriforme, goulot court très évasé (fêlure) belle irisation granitée. Haut. 130 m/m.

56 Vase pomiforme, goulot très évasé ; bordure de filets en zigzags entre le haut de la panse et le bord supérieur, belle
   irisation. H. 90 m/m.

57 Deux jolies petites œnochoés à pied, bouche ronde à double
   rebord ; filet au col, panse cannelée, pâte verte. Haut.
   105 m/m.

58 Flacon à essences, piriforme, très allongé, orifice à rebord ;
   belle irisation argentée. Haut. 140 m/m.

59 Petite bouteille pomiforme, goulot évasé ; irisation argentée.
   Haut. 95 m/m.

60 Petite ampoule, goulot court, très belle irisation émeraude et
   argent. Haut. 50 m/m.

61 Flacon à panse conique cannelée, long col, large embouchure
   à rebord ; belle irisation verte. Haut. 115 m/m.

62 Ampoule pâte jaunâtre, large embouchure à rebord, deux
   petites anses, pâte verte. Haut. 75 m/m.

63 Bouteille pomiforme, panse à côtes, long col évasé ; irisation.
   Haut. 155 m/m.

64 Petit vase à panse ronde, large goulot court, très belle irisation opaline. Haut. 90 m/m.

65 Petite bouteille pomiforme, large embouchure ; irisation
   vert pâle et argent. Haut. 75 m/m.

66 Bouteille panse cannelée en spirale, goulot droit à large embouchure ; belle irisation. Haut. 170 m/m.

67 Vase pomiforme à pied, panse cotelée large ouverture, pâte
   verte ; traces d'irisation. Très belle pièce intacte de l'époque gallo-romaine, trouvée à Naix (Meuse). Haut. 160.

68 Bouteille panse piriforme à renflement, long goulot cylindrique, forme curieuse ; irisation. Haut. 195 m/m.

69 Grande bouteille, panse légèrement aplatie, goulot en entonnoir ; jolie irisation verte. Haut. 140 m/m.

70 Bouteille pomiforme, goulot évasé : belle irisation. Haut.
   155 m/m.

71 Bouteille à col évasé ; très belle irisation argentée. Haut. 170%.

72 Deux petits vases pomiformes, goulot évasé; très bien irisés. Haut. 75%.

73 Deux petits flacons, goulot évasé; belle irisation argentée. Haut. 75%.

74 Deux petites ampoules, l'une en pâte légère, l'autre en pâte verte épaisse ; irisation.

75 Verre à pied forme calice pâte fine godronnée, renflement au pied, orné de deux têtes de lion. (Pied recollé). Magnifique irisation opaline. Pièce très belle et très rare. Haut. 165%. Trouvé en Bavière.

76 Vase pomiforme à filets en zigzags sur le haut de la panse, pâte verte, irisation. Haut. 80%.

77 Flacons jumeaux, pâte vert clair, enroulés de filets en relief ; irisation. Haut. 110%.

78 Joli balsamaire à large base et deux petites anses ; filet en spirale; pâte rouge violacé. Haut. 125%.

79 Petit vase à pied panse pomiforme, goulot long évasé entouré de filets ; deux anses latérales pâte verte. Haut. 90%.

80 Flacons jumeaux ornés de filets et de festons ; pâte verte, irisation. Haut. 110%.

81 Grand lacrymatoire forme chandelier, à trois renflements, pâte incolore, très belle irisation granitée violette. Haut. 230%.

82 Vase piriforme, large embouchure, panse à moulures en spirale ; irisation métallique. Haut. 120%.

83 Oenochoé à bouche trilobée, panse hexagonale à dessins moulés différents, pâte jaune clair, époque byzantine. Haut. 145%.

84 Coupe à pied ; irisation multicolore. Diam. 100%.

85 OEnochoé bouche ronde à double rebord, filet au col ; pâte violette; irisation mordorée. Haut. 160%.

86 Verre à boire. à pied, filet en relief, pâte verdâtre; belle irisation. Haut 110%.

87 Elégant vase à pied, long col légèrement évasé enroulé de filets; petites anses latérales superposées se prolongeant en festons le long de la panse. Pâte verte ; très belle irisation. Haut. 190%. *V. pl. III, n° 3.*

88 Flacons jumeaux à deux anses, filets et festons pâte **verte**; irisation opaline. Haut. 130 ℀.

89 Flacon à essences forme fuseau à renflement; reflets violets. Long. 220 ℀.

89 *bis* Petit verre de forme élégante, pâte de verre opaque gris bleu. Décor supérieur de fleurettes en relief et cannelures à la base. Trouvé en Grèce. Pièce très rare (fragmentée). H. 50 ℀ *Voy. pl. I, nº 7.*

TERRE CUITE, TERRE ÉMAILLÉE, BOIS
PIERRE CALCAIRE

90 Figurine d'Osiris mummiforme, coiffé de l'atew, les bras croisés sur la poitrine, yeux émaillés. Bois doré. Socle onyx. Haut. 75℀. *V. pl. I, nº 6.*

91 Statuette funéraire en schiste gris; le tablier et la partie postérieure sont couverts d'hiéroglyphes. Très curieuse pièce, conservation exceptionnelle. Haut. 105℀.

92 Double étui à collyre, forme fuselée. Porcelaine émail vert clair. Haut. 55℀.

93 Curieuse figurine de Ptah-Patèque; il presse deux serpents contre sa poitrine; sur la tête un scarabée est posé à plat; à ses côtés Sekhet et Neith, derrière, Hathor. Email vert pâle. Haut. 45℀.

94 Tête ayant appartenu à un personnage civil, coiffure à serre-tête et à perruque, figure expressive, style saïte. Marbre jaune brun. Haut. 65 ℀. *V. pl. I, nº 11.*

95 Fragment de manche de sistre funéraire portant deux colonnes de cartouches, noms et prénoms. Terre cuite blanche. Long. 75℀.

95 *bis* Buste à mi-corps de personnage civil, coiffé de la perruque, les mains croisées sur la poitrine. Marbre jaune veiné de noir. Une main manque. Haut. 100℀. *V. pl. I, nº 12.*

96 Tablette rectangulaire de pierre dure à figurations d'empreintes : deux têtes de personnages civils, étui à collyre, oudja. Long. 90℀.

97 Sphinx accroupi. Coiffure à l'uraeus et scarabée, barbiche tressée. Pierre calcaire. Long. 165℀.

98 Grande figurine funéraire portant les attributs agricoles. Hiéroglyphes sur le tablier. Pièce remarquable par la finesse de ses détails. Porcelaine, émail vert. Haut. 200℀.

99 Pain de pierre votif au nom de *Neb-Mehyt, surveillant des terres*. Trouvé dans les ruines de Thèbes (Egypte). Diam. 70 ℔.

100 Chat, lion, accroupis, partie antérieure d'un serpent. Terre émaillée, 3 p.

100 bis Petit vase forme coupe apode, parois lisses, granit. Rare. Diam. 70 ℔.

101 Alabaster corinthien : Sphinx et canard ; décor de rosaces. Peinture brune sur fond jaune. Haut. 90 ℔.

102 Petit alabaster corinthien, décoré de deux zônes circulaires d'animaux. Peinture rouge et noire sur fond jaune. Haut. 70 ℔.

103 Alabaster corinthien : deux coqs affrontés. Décor de palmettes et de rosaces. Peinture rouge et noire sur fond jaune. Haut. 100 ℔. Jolie petite pièce.

104 Petit aryballe corinthien : bélier paissant, rosaces. Peinture brune sur fond rosé ; détails incisés. Haut. 60 ℔.

105 Alabaster, terre rouge, cercles vernis noir brillant et zône quadrillée rehaussée de points blancs. Haut. 125 ℔.

106 Lécythe archaïque ; figures noires sur fond orangé : trois femmes assises, décor de pampres (l'anse manque). Haut. 140 ℔.

107 Lécythe d'ancien style. Scène bachique à cinq personnages : ménades et satyres dansant. Figures noires incisées rehaussées de rouge sur fond orangé. Haut. 150 ℔. Bonne conservation. *V. pl. I, n° 8.*

108 Ornement intérieur de vase, formant support : tête de Bacchus archaïque Terre rouge, croûte grise. Haut. 120 ℔.

109 Petit lécythe, figure rouge sur fond noir brillant : Femme courant vers la droite. Haut. 150 ℔.

110 Petit lécythe figures rouges sur fond noir brillant : Hercule et Centaure. Haut. 140 ℔.

111 Vase apode de forme cylindrique à une anse : Sphinx retournant la tête. Peinture noire sur fond jaune. Haut. 150 ℔.

112 Lécythe attique : Femme courant vers la dr. tenant de la main g. un miroir? et de la dr. une pomme. Peinture rouge brun sur fond noir brillant. Bordures de grecques peintes en noir sur fond blanc. Pièce de conservation exceptionnelle. Trouvée à Eretria. (Eubée). Haut. 224 ℔. *V. pl. II, n° 4.*

113 Lécythe attique à fond blanc brillant. Peinture jaune. Victoire volant et tenant une couronne. Bordure de grecques. Haut. 190$^m/_m$.

114 Petit vase en forme de tête de Bacchus, couronné de lierre. Haut. 90$^m/_m$.

115 Lécythe attique à fond blanc : scène d'offrandes funéraires. (Légère fêlure). Haut. 185$^m/_m$.

116 Petit lécythe à fond plat : Jeune enfant marchant à quatre pattes. Figure rouge sur fond noir lustré. Haut. 60$^m/_m$.

116 *bis* Lécythe attique : Femme portant une couronne et des rubans. Bordure de grecques. Dessin jaune sur fond blanc brillant. Pièce intacte. H. 220$^m/_m$.

117 Pyxis à deux anses surélevées ; d'un côté une tête de femme, de l'autre un cygne ; palmettes sous les anses et sur le couvercle. Peinture rouge sur fond noir. Haut. 200$^m/_m$.

118 Petit vase œnochoé à bouche ronde, la panse en forme d'oiseau ; peinture blanche, traces de rouge et de jaune. Thèbes. Haut. 110$^m/_m$.

119 Canthare vernis noir brillant, fond orné de dessins gravés. Forme très élégante. Italie. Haut. 100$^m/_m$.

120 Coupe plate à pied : tête de femme parée de bijoux et de rubans, peinture rouge rehaussée de blanc sur fond noir brillant. Diam. 215$^m/_m$.

121 Jolie œnochoé, bouche trilobée et anse surélevée, ornées de petits masques en relief ; sur la panse, une tête de femme parée de bijoux, grande palme sous l'anse. Peinture rouge rehaussée de blanc sur fond noir brillant. Haut. 230$^m/_m$.

122 Ampoules à deux anses, terre jaune et deux lacrymatoires. Terre grise. Epoque gallo-romaine. 4 p.

123 Jolie petite lampe munie d'un bec et d'une anse annulaire, avec signature de potier. Terre grise. Long. 75$^m/_m$.

124 Lampe chrétienne à un bec, portant l'inscription : ΠΑΚΗΛΙΛ ϨΟΑΓΙΟϹΑ entre deux rangs de petites perles ; sur le dessus, quatre croisettes (l'anse manque). Long. 95$^m/_m$.

125 Rhyton : Tête de bélier. Terre rouge. Traces de blanc. Haut. 220. *Voy. pl. III, n· 1*.

126 Plaque rectangulaire en pierre calcaire avec inscription grecque : ΠΕΤΕ... le reste illisible.

127 Inscription en trois lignes ΑΘΗΝΑΙ—ΗϞ—ΑΡΩΓΟ. Pierre calcaire.

128 Jeune femme deb. la tête un peu inclinée, coiffure côtelée, la main dr. retient sur la poitrine les plis du manteau qui recouvre le bras droit. Base plate. Traces de blanc sur la draperie, de rouge sur les cheveux. Tanagra. Haut. 200$^{m}_{m}$.

129 Jeune femme de Tanagra, deb. la main gauche soutenant la draperie qui dissimule le bras droit appuyé sur la hanche Cheveux ondulés ceints d'un bandeau, chignon bas, sur la nuque. Coloration usuelle. Haut. 155$^{m}_{m}$ (ancienne collection Pourtalès). *Voy. pl. III, n· 4.*

130 Hermaphrodite debout, de la main droite levée il semble lisser sa chevelure, la main gauche, repliée à hauteur de la hanche paraît tenir un objet ; près de la jambe g. une hydrie couverte d'une draperie Terre grise, ton de chair. La tête et les pieds manquent. Pièce intéressante et de beau style. Haut. 160$^{m}_{m}$.

131 Figurine de femme grotesque, cheveux noués au sommet de la tête, elle est assise le torse nu et pose les mains sur sa poitrine. Haut. 95$^{m}_{m}$. Myrrhina.

132 Tête de grotesque, expression de souffrance. Eolide. Haut. 45$^{m}_{m}$.

133 Jolie tête de Jupiter barbu, les cheveux ceints d'un diadème. Terre grise, peinture rouge. Haut. 110$^{m}_{m}$.

134 Figurine de femme grotesque deb. nue, portant les mains à l'épaule dr. Traces de blanc. Base plate. Haut. 125$^{m}_{m}$. Asie mineure.

134 *bis* Figurine de satyre nu accroupi. Socle. Thèbes. Haut.120$^{m}_{m}$

135 Jolie figurine d'Eros au vol ; il appuie la main dr. à la hanche et porte sur le bras g. une amphore. Cheveux frisés peints en brun. Traces de blanc sur la statuette, de rouge sur l'amphore. Tanagra. Haut. 80$^{m}_{m}$. *Voy. pl. I, n· 1.*

136 Buste de femme voilée, coiffure à petites côtes, figure mince et allongée. Bon style. Haut. 70$^{m}_{m}$.

137 Très belle tête de Jupiter. Barbe et cheveux épais et bouclés. Couronne en bourrelet. Terre rouge. Bon travail gréco-romain. Haut. 150$^{m}_{m}$. *Voy. pl. III, n· 2.*

138 Tête de grotesque, terre rouge vernissée. Eolide. Haut.35$^{m}_{m}$·

139 Grande figurine de femme deb. drapée et voilée, s'appuyant de la main dr. sur une colonne et tenant de la g. un objet rond indistinct. Visage modelé avec soin. Base plate. Haut. 310. Pièce remarquable. *Voy. pl. II, n· 6.*

140 Jeune satyre nu accroupi. Base creuse. Terre rouge, traces de blanc. Haut. 105$^{m}_{m}$.

141 Figurine de femme deb., le manteau laissant à découvert le
bras dr. et la main qui retient la draperie. Coiffure formant
diadème et relevée en houppe. Boucles d'oreille. Peinture
blanche et rose. Socle marbre. Haut. 210. Corinthe. *Voy.
pl. II, n° 3.*

142 Sphinx femelle assis à dr. la tête de face et coiffée d'un polos,
les ailes redressées et arrondies, ancien style. Traces de
peinture rouge. Haut. 90%. Ile de Mélos.

143 Jeune enfant appuyé à un cippe, la physionomie souriante,
chlamyde retenue sur le bras g., chevelure frisée surmontée
d'un diadème à rayons. Base ronde. Traces de rouge sur
les cheveux, de blanc sur le cippe. Haut. 145%. Tanagra.
Voy. pl. I, n° 3.

144 Déesse deb. drapée et voilée. La main dr. soutient les plis
du voile qui s'arrondit en nimbe au dessus de la tête. Base
ronde et creuse. Peinture rouge et blanche. Haut. 210%.
Thèbes.

145 Figurine de poupée assise, nue. Coiffure côtelée à chignon
bas, les oreilles ornées de pendants. Ses bras qui étaient
articulés manquent. Traces de blanc. Intéressante pièce.
Haut. 190%. *Voy. pl. II, n° 5.*

146 Tête d'éphèbe ou d'Apollon, les cheveux bouclés, ceints
d'un bandeau. Yeux peints en blancs. Figure bien modelée.
Peinture rouge, traces de blanc. Haut. 110%. *Voy. pl. II,
n° 1.*

147 Vénus demi-nue, de son bras dr. levé elle soutient son manteau, de la g. elle tient un objet indistinct. Traces de bleu
et de blanc. Peinture rouge sur les cheveux. Base ronde
et creuse. Haut. 210%. Béotie.

148 Jeune fille deb. et drapée. tenant de la main g. baissée
un éventail en forme de feuille. Le bras dr. retient les plis
de la draperie. Cheveux ondulés, noués sur le cou. Visage
finement modelé. Base plate. Traces de blanc. Haut. 145%.
Tanagra. *Voy. pl. I, n° 5.*

149 Apollon demi-nu, un léger manteau sur les épaules. Il tient
dans son bras g. un coq (?) Traces de blanc et de rouge.
Haut. 200%. Asie-Mineure.

150 Figurine de femme assise drapée et encapuchonnée dans son
manteau, la main g. sur les genoux, l'autre ramenée sur la
poitrine sous les plis du manteau. Base plate. Haut. 210%.
Charmante pièce. *Voy. pl. II, n° 7.*

151 Tête de Bacchante, coiffure en bandeaux ondulés, noués en
crobyles ; feuilles de lierre disposées en couronne. Figure
fine et de bon style. Myrrhina. Haut. 140%,

152 Quatre petits Eros dansant, les ailes éployées, dans des atti-
tudes différentes. Charmantes pièces trouvées dans le
même tombeau à Tanagra. Traces de bleu sur les ailes, de
rouge brun sur les cheveux. Haut. 60 et 50 ᵐ/ₘ. *Voy. pl. III,
n° 12.*

153 Vénus diadémée, nue et debout, les cheveux tressés en lon-
gues nattes ramenées sur la poitrine. Le visage est modelé
avec soin et la pose gracieuse. Les bras et la partie infé-
rieure des jambes manquent. Haut. 200 ᵐ/ₘ. *Voy. pl. II, n° 2.*

154 Masque tragique. yeux et bouche ajourés. Traces de peinture blanche. Diam. 160 ᵐ/ₘ.

155 Quatre figures d'applique. Terre-cuite.

156 Tête de jeune homme, chevelure frisée. Pierre calcaire.
Haut. 100 ᵐ/ₘ.

157 Tête archaïque de femme ; physionomie souriante. Pierre
calcaire. Haut. 145 ᵐ/ₘ.

158 Tête de bacchante. Figure souriante. Marbre blanc. Haut.
150 ᵐ/ₘ. Socle marbre.

159 Tête d'homme, coiffure haute, ornée d'une couronne de
feuilles de chêne avec médaillon central représentant un
buste de personnage. Haut. 290 ᵐ/ₘ. Pièce intéressante.
Fragment de stèle palmyréenne. Pierre calcaire.

BRONZES

160 *Ma*, déesse de la Justice ; elle est accroupie, le corps enve-
loppé comme celui d'une momie, coiffure à serre tête et
longue perruque. Patine brune. Haut. 50 ᵐ/ₘ.

161 Déesse *Bouto* (ou Neith) assise, coiffée de la couronne rouge,
les mains sur les genoux.e. Patine verte. Haut. 85 ᵐ/ₘ.

162 *Osiris* mummiforme. coiffé de l'atew complet. Patine brune.
Haut. 190 ᵐ/ₘ.

163 *Osiris* mummiforme coiffé de la mitre à l'uraeus. Anneau
de suspension. Patine brune. Haut. 150 ᵐ/ₘ.

164 *Noum* assis portant la perruque et le disque entre les deux
cornes. L'avant-bras g. manque. Patine verte. Haut. 185 ᵐ/ₘ.

165 Egide surmontée de la tête de la déesse Sekhet coiffée du
claft, et de deux sphinx ajourés ; zône supérieure ornée d'une
théorie de sphinx en relief ; au centre cartouche représentant Osiris et Sekhet entourés de sphinx. Patine verte. (Le
disque à l'uraeus qui complète la coiffure manque). Pièce
très intéressante et rare. Haut. 140 ᵐ/ₘ. Larg. 160 ᵐ/ₘ. *Voy.
pl. I, n· 10.*

166 Hercule nu deb. dans l'attitude du combat. Travail archaïque. Patine verte. Asie mineure. Haut. 140^m_m.

167 Déesse étrusque, très ancien style, diadémée, vêtue d'une
tunique longue, les bras étendus, les cheveux tombant sur
le cou. Patine verte. Haut. 95^m_m. *Voy. pl. I, n· 2.*

168 Apollon nu deb. les bras pendant le long du corps, la main
dr. fermée, tenait un attribut. Yeux obliques ; sur le dos
inscription : ΑΠΟΛΟΝΙΟΣ — ΑΝΕΟΕΚΕΝ. Très ancien
style grec. Patine verte. Manquent l'avant-bras g. et les
jambes. Haut. 100^m_m.

169 Grotesque à demi-nu, portant un petit panier. Patine brune.
Haut. 45^m_m.

170 Vénus pudique diadémée et deb. Coiffure à bandeaux ondulés, chignon bas. (Les mains manquent). H. 125^m_m. Syrie.

171 Tête du soleil surmontée d'une couronne à sept rayons. Les
cheveux rayonnent autour de la tête en mèches ondulées,
calamistrés sur le cou. Travail gréco-romain. Patine verte.
Haut. 85^m_m. Socle marbre blanc. *Voy. pl. I, n· 9.*

172 Tête de Diane, les cheveux disposés en bandeaux ondulés
avec deux mèches nouées en crobyles. Peson de balance
romaine. Trous de suspension. Patine brune. H. 80^m_m.

173 Vénus nue deb. à coiffure d'Isis. De la main g. elle tient un
miroir et de la dr. un objet de toilette indistinct. Socle en
bronze. Patine verte. (La jambe g. a été ressoudée). Jolie
pièce trouvée en Syrie. Haut. 210^m_m.

174 Priape barbu, vêtu d'un manteau qu'il relève et dans lequel
il porte des fruits. Patine verte. Haut. 65^m_m.

175 Deux petites statuettes, l'une égyptienne, l'autre archaïque.

176 Oreilles de vase étrusque, extrémités en forme de feuilles
légèrement convexes et ornées de masques de fleuve (Ache-
loüs). Belle patine brillante vert foncé. Haut. 140^m_m.

177 Dix-neuf plaques en forme de croissants fleuronnés, munies
sur leur face interne de tenons d'attache; ornements de
ceinturon. Epoque grecque.

178 Divinité féminine deb. à demi-nue, cheveux en torsade, de la
main dr. avancée elle tient un objet indistinct, de la g. une
boite à parfums (?) Style étrusque. H. 125^m_m.

179 Massue. Patine verte. Travail romain. Long. 160^m_m.

180 Patère, le manche à stries longitudinales en bordure est terminé par une tête de canard doublement recourbée. Belle
patine vert clair. Diam. 215^m_m. Long. avec le manche 445^m_m.

181 Joli petit miroir étamé uni, le manche est formé des attributs d'Hercule, la massue et la peau de lion. Patine verte. Diam. 125%.. Haut. avec le manche 210%.

182 Cassolette brûle-parfums(?) munie de deux anses mobiles ; le bord est orné de dessins au trait. Patine verte. Diam. 100 %.

183 Lampe de bronze, anse tête de lionne. Patine verte. Long. 145%.

184 Lampe à un bec, de forme allongée,la queue se terminant en tête de canard. Travail romain Patine verte. Long. 115%.

185 Fer de poignard, lame à nervure médiane. Patine verte rugueuse. Epoque romaine. Long. 260%.

186 Un lot de fibules, boucles, agrafe, bague et divers objets des époques gallo-romaine et mérovingienne. Environ 30 p.

BIJOUX. PIERRES GRAVÉES

187 Chaînette-collier, orné d'un pendentif en forme de cassolette. or, travail filigrané. Poids : 4 gr. 1/2. *V. pl. III, n 9.*

188 Bracelet forme serpent, orné à une extrémité d'une tête de lionne et ornement filigrané ; argent massif. Poids : 61 gr. 1/2. Tr. en Egypte. *V. pl. III, n° 10.*

189 Pendeloque-amulette : grenouille terre émaillée verte, monture en or festonnée. *V. pl. III, n° 5.*

190 Bague en or ciselé, forme serpent ; travail grec. Poids : 5 gr. *V. pl. III, n° 6.*

191 Paire de petites boucles d'oreille ; anneau torsadé terminé par une tête de lion. Poids : 1 gr. 1/2. *V. pl. III, n° 7.*

192 Petite bague en or. chaton ovale orné d'une intaille en cornaline représentant une tête de femme ; travail romain. Poids : 2 gr. 1/2. *V. pl. III, n° 8.*

193 Paire de grandes boucles d'oreilles ; anneau torsadé en forme de corne d'abondance servant de gaîne à une tête de taureau. (Les anneaux sont légèrement aplatis.) Travail grec. Poids : 8 gr. 1/2. *V. pl. III, n° 4.*

194 Petite plaque d'or rectangulaire, travaillée au repoussé : Esculape et Hygie ; entre eux, le petit Télesphore. Pièce très intéressante trouvée sur l'emplacement d'un temple d'Echmoun près de Sidon ; travail grec. Long. 37%, larg. 33%, poids : 4 gr. 1/2. *V. pl. III, n° 11.*

195 Bracelet en pâte de verre vert clair, émail jaune à petits boutons.

196 Un collier de 50 jolies perles : agate, cornaline, onyx, pâte de verre.

197 Collier de 80 perles rondes, pâte de verre multicolore.

198 Collier de perles de verre, faïence, terre émaillée; époque romaine.

199 Quatre bagues romaines, bronze.

200 Camée onyx, représentant une tête de Méduse; cercle d'or ajouré; époque romaine. Tr. en Syrie.

201 Petit camée, même sujet, même monture.

202 Autre camée, même sujet, sans monture.

203 Autre petit camée, onyx, représentant Cupidon cavalier.

204 Petite intaille en cornaline représentant un bœuf.

205 Intaille en cornaline veinée, représentant une tête d'Homère.

206 Jolie petite intaille cornaline : buste de Mercure.

207 Intaille agate : deux bustes affrontés.

208 Cylindre hématite : trois personnages; une partie a été repolie.

209 Deux petits cylindres à personnages.

210 Joli petit cylindre assyrien en hématite : trois personnages debout, deux autres agenouillés et deux sphinx affrontés. Gravure d'une très grande finesse. *V. la vignette.*

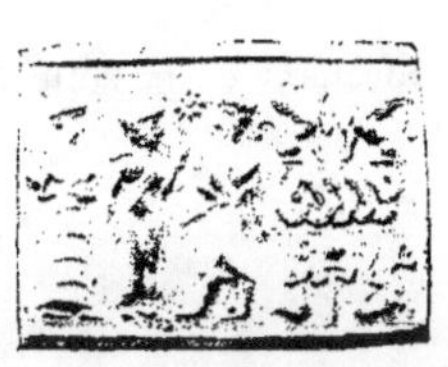
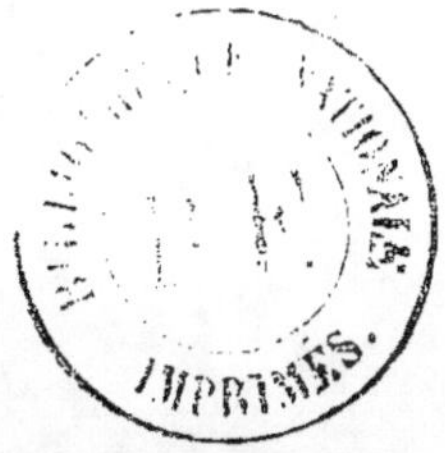

211 Beau cylindre assyrien en hématite : cinq personnages et animaux.

212 Autre, plus petit : personnages et inscription.

213 Os humain : figure sculptée; fragment intéressant. — Deux charnières de meuble, ivoire sculpté.

214 Abraxas, pierre dure : cavalier; au revers, inscription.

215 Cachet phénicien en onyx représentant un buste de roi.

216 Intaille onyx représentant une tête d'Adonis.

Supplément

Jeune fille assise sur un rocher, dans une pose gracieuse. Elle est vêtue d'un chiton sans manches ; l'himation forme écharpe, un bout enveloppant la main dr. et passe derrière la figurine. Traces de blanc et de bleu.

Tanagra. Haut. 150 $^{m}/^{m}$.

Charmante pièce provenant de la collection Rayet.

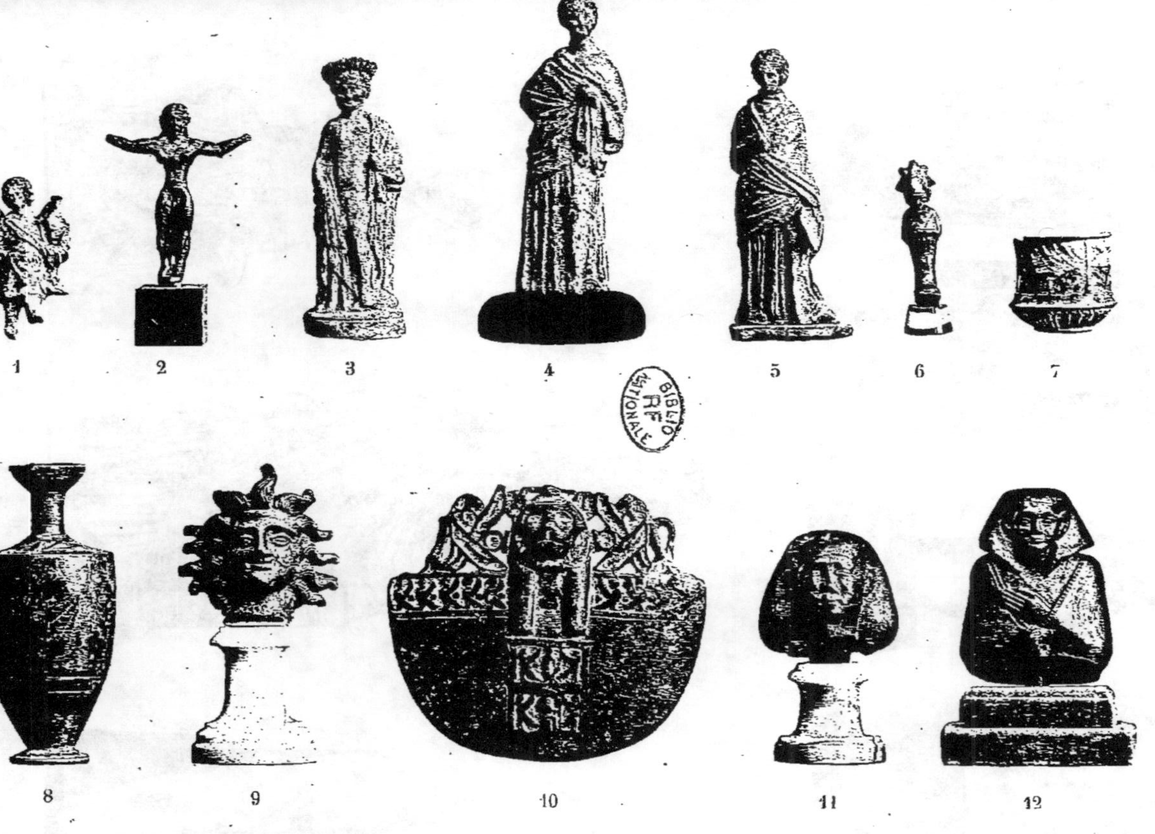

Mᵐᵉ RAYMOND SERRURE.

Vente du 10 Décembre 1904.

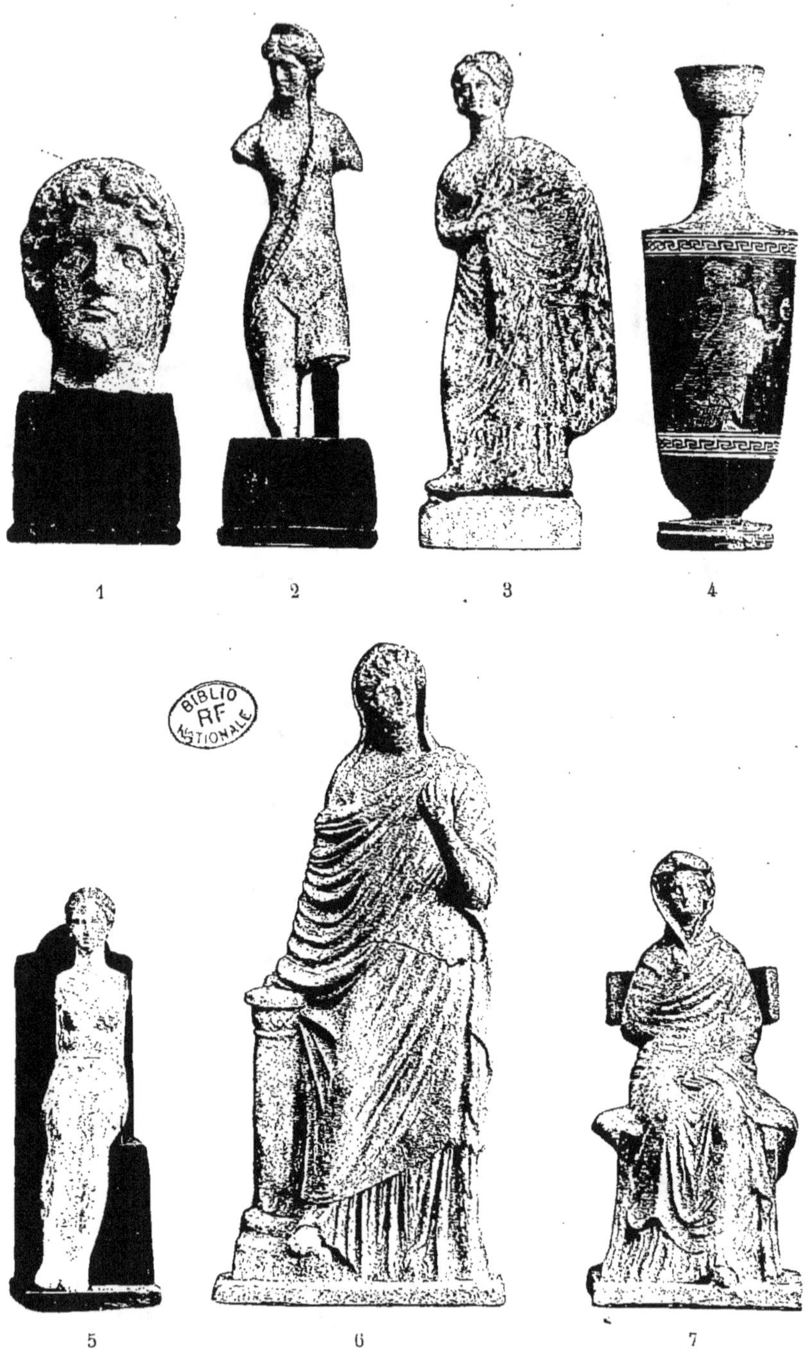

1   2   3   4

5   6   7

Mme RAYMOND SERRURE.   Vente du 10 Décembre 1904.

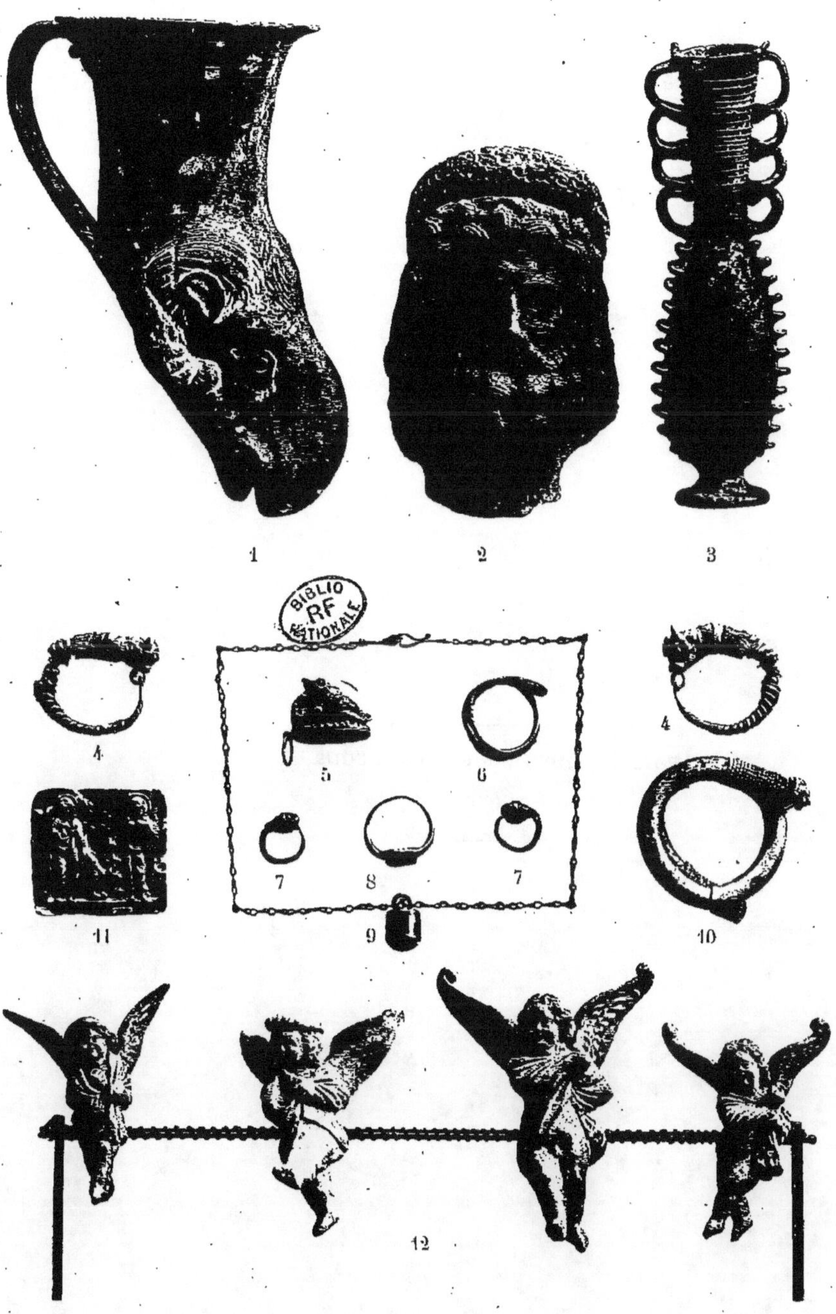

Mme RAYMOND SERRURE.

Vente du 10 Décembre 1904.

Phototypie Berthaud, Paris

PARIS. — IMPRIMERIE C. CHAUFOUR

8-10, Rue Milton, 8-10

www.ingramcontent.com/pod-product-compliance
Lightning Source LLC
Chambersburg PA
CBHW061635050726
47595CB00007B/3210